LE CORDON BLEU

RECETAS CASERAS

· COCINA ITALIANA ·

KÖNEMANN

contenido

 para principiantes   *para cocineros poco experimentados*   *para cocineros expertos*

Minestrone

Aunque existen muchas variantes de esta nutritiva sopa, según de qué región venga y de la temporada, siempre estará elaborada con caldo y hortalizas acompañadas de pasta o arroz.

*Tiempo de preparación **45 minutos** + **noche en remojo***
*Tiempo de cocción **2 horas 20 minutos***
*Para **6–8 personas***

250 g de judías rojas arriñonadas
150 g de tocino salado o bacon troceado
2 cucharadas de aceite de oliva
1 cebolla grande picada
2 zanahorias troceadas
2 patatas troceadas
1 tallo de apio troceado
2 dientes de ajo picados
1 cucharada de concentrado de tomate
3 litros de caldo de buey o de agua
bouquet garni
1 cuarto de col cortada fina
150 g de macarrones o cualquier otra
  pasta pequeña
parmesano rallado para servir

1   Cubra las judías con agua fría y déjelas en remojo durante 8 horas o toda la noche. Escúrralas, póngalas en una cacerola grande con 2 litros de agua y déjelas cocer durante 1 hora y media o hasta que estén tiernas.

2   Ponga el bacon en otra cacerola y cúbralo con agua fría. Hiérvalo, cuélelo y refrésquelo con agua fría. Extiéndalo sobre unas servilletas de papel para secarlo. Después, en una cacerola grande de fondo pesado con aceite caliente, rehogue el bacon a fuego medio durante 3 minutos hasta que esté ligeramente dorado. Añada la cebolla, la zanahoria, las patatas, el apio y el ajo, baje el fuego al mínimo y déjelo cocer 5 minutos sin dorar. Agregue el tomate y déjelo cocer 3 minutos. Añada el caldo y déjelo hervir durante 10 minutos, retirando la grasa de la superficie. Añada el bouquet garni y la col y déjelo cocer 5 minutos. Retírelo del fuego y resérvelo.

3   Escurra las judías y añádalas a la sopa. Vuelva a encender el fuego y déjelo cocer durante 10 minutos. Agregue la pasta y cuézala durante 15 minutos o hasta que esté cocida. Por último, rectifique de sal y retire el bouquet garni. Sirva la sopa con el parmesano espolvoreado por encima.

Ensalada de alcachofas y piñones

Esta refrescante ensalada se puede servir como primer plato o como almuerzo ligero acompañándola con pan en un día caluroso de verano.

Tiempo de preparación **40 minutos**
Tiempo de cocción **30 minutos**
Para 4 personas

4 alcachofas frescas grandes
el zumo de 2 limones
150 g de hojas de espinacas
80 g de piñones tostados
2 cucharadas de aceite de oliva
40 g de parmesano rallado
16 aceitunas negras deshuesadas y partidas

1 Prepare las alcachofas frescas siguiendo el método de las Técnicas del chef de la página 63. Cuando ponga las alcachofas en el agua hirviendo, añada también el zumo de uno de los limones. Una vez cocidas y preparadas, corte las alcachofas en trozos, tápelas y resérvelas.

2 En un cuenco grande combine las espinacas y los piñones. Bata el aceite de oliva junto con una cucharada de zumo de limón y pimienta negra recién molida, al gusto, y aderece con ello la mezcla de espinacas y piñones. Disponga los trozos de alcachofa en cuatro cuencos y ponga las espinacas en el centro. Condimente la ensalada con el parmesano y las aceitunas negras.

Sopa de ajo y calabacín

*Tal vez dos cabezas de ajo parezcan una cantidad
excesiva, pero adoptan una textura cremosa
y suave cuando se cocinan.*

*Tiempo de preparación **35 minutos***
*Tiempo de cocción **1 hora 15 minutos***
Para 4–6 personas

aceite de oliva para freír
1 cebolla muy picada
2 cabezas de ajos pelados y cortados muy finos
2 patatas peladas y cortadas en láminas finas
2 litros de caldo de pollo o agua
2 calabacines
1 cucharada de albahaca fresca picada

1 En una cazuela de fondo pesado con 4 cucharadas de
aceite caliente, saltee la cebolla y el ajo a fuego medio durante
5 ó 10 minutos o hasta que estén dorados. Agregue las
patatas y dórelas durante 2 minutos removiendo constantemente. Añada el caldo, sazónelo al gusto con sal y pimienta
y déjelo hervir durante 30 minutos. A continuación, déjelo
enfriar unos minutos.

2 Corte las puntas de los calabacines. Primero córtelos en
cuartos a lo largo, luego en trozos pequeños y resérvelos.

3 Haga puré la sopa en un robot de cocina hasta que
desaparezcan los grumos. Vuélvala a poner en la cazuela y
lleve a ebullición. Retire la espuma de la superficie si es
necesario, luego añada los calabacines y deje cocer durante
20 ó 25 minutos o hasta que los calabacines estén tiernos.
Justo antes de servir, incorpore la albahaca y rectifique de sal.
Sirva la sopa adornada con unas cuantas hojas de albahaca.

Fritto misto con crema de ajo

Existen varias maneras de preparar la conocida fritura mixta italiana. En este caso, el pescado está simplemente rebozado en harina, huevo y pan rallado antes de freírlo, para que quede dorado y crujiente.

Tiempo de preparación 1 hora
Tiempo de cocción 20 minutos
Para 6 personas como entrante, para 2 como segundo plato

2 chalotes franceses cortados finos
150 ml de vino blanco seco
1 hoja de laurel
1 ramillete de tomillo fresco
300 g de mejillones rascados y limpios
150 g de calamares
aceite abundante
4 huevos ligeramente batidos
90 g de harina sazonada con sal y pimienta
200 g de pan rallado
150 g de filetes de platija o lenguado
  cortado a tiras
150 g de filetes de abadejo o bacalao
  cortado en dados
185 g de mayonesa
1 cucharada de yogur natural
2 dientes de ajo picados
perejil y rodajas de limón para adornar

1   Ponga los chalotes, el vino, la hoja de laurel y el tomillo en una cazuela grande, tápela y llévelo a ebullición. Añada los mejillones, descartando los que ya estén abiertos, tape la cazuela y baje el fuego al mínimo. Deje cocer durante 2 minutos, moviendo de vez en cuando la cazuela, hasta que los mejillones se abran (deseche los que están cerrados). Escúrralos y despréndalos de las valvas.

2   Para preparar los calamares, quite el espaldón del tronco, arranque la piel que lo cubre y corte la cabeza. Quite los picos, corte las patas y aclare el tronco con agua corriente. Escúrralos, séquelos y córtelos en anillos finos.

3   Llene un tercio de una olla de fondo pesado con aceite y caliéntela a unos 190°C. Ponga los huevos, la harina y el pan rallado en tres platos. Enharine el pescado, los mejillones y los calamares, sacuda la harina sobrante, luego báñelos en el huevo y rebócelos en el pan rallado, sacudiendo la cantidad sobrante. Fría en aceite abundante el pescado hasta que esté dorado, déjelo escurrir sobre papel absorbente y sazónelo ligeramente. Si desea conservarlo caliente póngalo en una bandeja de rejilla en el horno a baja temperatura, sin tapar.

4   Para preparar la crema de ajo, mezcle bien la mayonesa, el yogur y el ajo y sírvala en un cuenco como acompañamiento del pescado. Decore con el perejil y los trozos de limón.

Crostini con tapenade

Los crostini son tostadas italianas, ideales para servir como acompañamiento de las sopas o ensaladas. Aquí se sirven con una tapenade de sabor muy intenso que debe extenderse bien hasta conseguir una capa fina.

Tiempo de preparación 15 minutos
Tiempo de cocción 25 minutos
Para unas 60 unidades

1 baguette
aceite de oliva para freír
60 g de aceitunas negras deshuesadas
1 diente de ajo pequeño
8 anchoas

1   Precaliente el horno a temperatura media (180°C). Corte el pan en rebanadas muy finas. En una sartén grande, vierta la cantidad de aceite suficiente para revestir ligeramente la base y caliéntela a fuego lento. Fría ligeramente el pan por ambos lados, luego colóquelo en una bandeja de horno. Hornéelo hasta que ambas caras estén doradas. Retírelo y déjelo enfriar a temperatura ambiente.

2   Para preparar la tapenade, ponga las aceitunas, el ajo y las anchoas en un robot de cocina y pique los ingredientes hasta que consiga una pasta consistente, pero que se pueda extender, añadiendo un poco de aceite de oliva si está demasiado seca. Sazónela con pimienta negra recién molida, pero evite echar sal porque la salazón de las anchoas ya será suficiente. Luego unte los crostini con la tapenade.

Rollitos de jamón ahumado y mostaza

Sencillos en su preparación, pero muy sabrosos, estos rollitos son ideales para servir con cócteles o aperitivos.

Tiempo de preparación 15 min. + 10 min. de refrigeración
Tiempo de cocción 5 minutos
Para unas 35 unidades

100 g de lonchas de jamón ahumado
60 g de mayonesa
1 cucharada de mostaza de Dijon
100 g de lonchas de jamón
3 panecillos del día anterior
hierbabuena para adornar

1   Para preparar el relleno, pique las lonchas de jamón ahumado en un robot de cocina hasta hacerlas puré, añada la mayonesa y la mostaza y mezcle los ingredientes. Sazone con sal y pimienta negra recién molida.

2   Encima de un trozo de film transparente, extienda las lonchas de jamón de manera que se monten ligeramente unas sobre otras y con el dorso de una cuchara extienda el relleno sobre el jamón. Enrolle las lonchas a lo largo e introdúzcalas en el congelador por 10 minutos para que queden bien firmes.

3   Mientras tanto, corte los panecillos en rebanadas finas y tuéstelos hasta que estén dorados. Corte los rollos de jamón en láminas finas y coloque una sobre cada trozo de pan tostado. Adorne con hierbabuena fresca.

Crostini con tapenade (arriba)
y Rollitos de jamón ahumado y mostaza

Ñoquis a la romana

Los célebres ñoquis italianos se pueden hacer de patata, calabaza o, como en este caso, de sémola. Se sirven a menudo como entrante, pero también son perfectos para el almuerzo, acompañados por una apetitosa ensalada verde.

Tiempo de preparación 35 min. + 30 min. para enfriar
Tiempo de cocción 2 horas 20 minutos
Para 4 personas como entrante

40 g de mantequilla
60 g de bacon troceado
1 cebolla pequeña picada
1 zanahoria pequeña picada
2 cucharadas de concentrado de tomate
1 cucharada de harina
500 g de tomates pelados, sin pepitas y picados
bouquet garni
4 dientes de ajo picados
500 ml de caldo de pollo o agua

ÑOQUIS
500 ml de leche
60 g de mantequilla
150 g de harina de sémola o sémola fina
30 g de harina
2 cucharadas de nata
1 huevo
2 yemas de huevo
4 cucharadas de queso parmesano recién rallado
80 g de mantequilla fundida

1   Precaliente el horno a 180°C. Mientras, derrita la mantequilla en una fuente resistente al calor y rehogue el bacon hasta que se dore. Añada la cebolla y la zanahoria y saltéelas 3 minutos. Incorpore el concentrado de tomate y cueza 2 minutos. Espolvoree la harina, hornéelo todo durante 5 minutos y luego remuévalo hasta que la harina desaparezca. Añada los tomates, el bouquet garni y el ajo, ponga en el fuego y deje cocer 5 minutos, removiendo. Incorpore el caldo y déjelo hervir 2 minutos. Tápelo y hornéelo 1 hora. Vuélquelo en una cacerola limpia y separe los elementos sólidos. Ponga la salsa a hervir y espúmela si es necesario. Déjela hervir a fuego lento durante 20 minutos o hasta que espese. Sazónela con sal y pimienta negra, resérvela y manténgala caliente.

2   Para preparar los ñoquis, hierva la mantequilla y la leche en una olla grande. Añada la harina y remueva a fuego lento hasta que se absorba, luego remueva 5 minutos más o hasta que la mezcla se separe de los lados de la olla. A continuación, retírela del fuego, añada la crema, el huevo, las yemas de huevo y la mitad del parmesano y bátalo bien. Sazone la pasta al gusto y extiéndala con 1 cm de espesor en una bandeja de horno revestida con papel para horno. Déjela enfriar 30 minutos, luego córtela en círculos con un cortapastas humedecido de 4 cm. Ponga los ñoquis en una fuente resistente al calor, rocíelos con la mantequilla fundida y espolvoréelos con el parmesano restante. Hornéelos durante 20 minutos o hasta que estén dorados, y sírvalos con la salsa de tomate.

Tulipanes de parmesano con caviar de berenjena

Aunque sea un poco largo de preparar, la hermosa presentación de este plato, combinando colores y sabores complementarios, constituirá un primer plato impresionante para cualquier comida.

Tiempo de preparación 25 minutos + 30 minutos en la marinada + 1 hora en el frigorífico
Tiempo de cocción 1 hora
Para 10 unidades

4 pimientos rojos
1 cucharadita de zumo de limón
4 cucharadas de aceite de oliva
150 g de queso parmesano rallado

CAVIAR DE BERENJENA
800 g de berenjenas
60 ml de aceite de oliva
50 g de aceitunas negras deshuesadas y picadas
1 diente de ajo machacado
10 g de cebollinos frescos muy picados
1/2 cucharadita de pimentón

1 Corte los pimientos por la mitad, retire las pepitas y la membrana. Dispóngalos en una fuente y espolvoréelos con sal y pimienta negra recién molida. Incorpore el zumo de limón al aceite de oliva, vierta la mezcla sobre los pimientos, tápelos y póngalos a marinar durante al menos 30 minutos y hasta un máximo de 2 horas. Precaliente el horno a temperatura media (180°C).

2 Para preparar el caviar, corte las berenjenas por la mitad a lo largo. Unte la parte donde está el corte con un poco de aceite y espolvoréelas con sal y pimienta. Póngalas en una bandeja de horno y hornéelas durante 25 minutos o hasta que queden tiernas. Séquelas para quitarles el líquido y separe la pulpa; trocéela y combínela con las aceitunas, el ajo y los cebollinos, reservando algunos para adornar. Mezcle bien los ingredientes con un tenedor, apretando la berenjena contra los lados del cuenco para deshacerla. Agregue luego el aceite restante lentamente, batiéndolo con el tenedor. Añada el pimentón y sazone. Ponga la mezcla en el frigorífico 1 hora.

3 Para preparar los tulipanes, dibuje círculos de 10 cm de diámetro en una hoja de papel parafinado, colóquela luego en una bandeja de horno. Espolvoree una capa espesa de parmesano sobre cada círculo y hornéelos hasta que los bordes estén ligeramente tostados. Déjelos enfriar unos instantes, luego desprenda los círculos con una paleta o espátula. Moldéelos en forma de tulipán poniéndolos en el cuello de una botella, plegando los bordes y manteniéndolos así hasta que se hayan enfriado. Repita la operación con el resto.

4 En una parrilla precalentada, ase los pimientos untados con aceite durante cinco minutos por cada lado o hasta que estén tiernos. Retire la piel y córtelos en tiras. Incorpore una cucharada llena de caviar de berenjena en cada tulipán de parmesano, decore con el cebollino reservado y disponga las tiras de pimiento en forma de cruz alrededor del plato.

Bruschetta con jamón de Parma, gorgonzola y tomates secos

Los bruschetta son rebanadas finas de pan, tostadas a la parrilla y untadas con un diente de ajo cortado: el pan de ajo original.

Tiempo de preparación **10 minutos**
Tiempo de cocción **5 minutos**
Para 8 personas

1 hogaza de pan rústico italiano
2 dientes de ajo partidos por la mitad
60 ml de aceite de oliva virgen extra
8 trozos de tomates secos en aceite
200 g de queso gorgonzola
4 lonchas de jamón de Parma cortadas por la mitad

1   Para preparar los bruschetta, corte el pan en rebanadas finas y tuéstelo hasta que quede dorado. Unte una de las caras de cada rebanada con el ajo partido. Aderécelas con aceite de oliva, sal y pimienta negra recién molida.

2   Escurra el tomate seco, quítele las pepitas y córtelo en tiritas. Extienda el queso sobre los bruschetta, disponga el jamón de Parma encima y adórnelo con las tiras de tomate. Sazone con un poco de pimienta negra recién molida y sirva.

Nota del chef Si el gorgonzola es demasiado fuerte para su gusto, utilice el dolcelatte en su lugar, que es más cremoso y suave.

   Como variante, marine tomates frescos troceados, ajo y hojas de laurel fresco picado en vinagre balsámico hasta conseguir que se empapen bien. Escurra el exceso de líquido e incorpore una cucharada colmada a la rebanada caliente de bruschetta.

Ensalada de tomate con vinagre balsámico

*El vinagre balsámico que se utiliza para esta ensalada viene de la región de Módena
y le da un delicioso sabor agridulce al aderezo.*

Tiempo de preparación 15 minutos
Tiempo de cocción ninguno
Para 6–8 personas

1 diente de ajo muy picado
3 cucharadas de vinagre balsámico
125 ml de aceite de oliva virgen extra
6 tomates maduros
2 chalotes franceses pequeños, muy picados
15 g de hojas de albahaca fresca muy picadas
hojas de albahaca para adornar

1   En un cuenco pequeño, ponga el ajo y agregue una pizca de sal y de pimienta negra recién molida. Incorpore y vaya batiendo el vinagre, luego vaya agregando, sin dejar de batir, el aceite de oliva hasta que la salsa esté espesa y bien ligada.

2   Quite los tallos de los tomates y córtelos en gajos o en rodajas finas. Espolvoree la fuente donde se van a servir con sal y pimienta negra recién molida y disponga los tomates. Espolvoree con los chalotes y las hojas de albahaca picadas; aderece con la vinagreta y decore todo con las hojas de albahaca. Guárdelo en el frigorífico hasta el momento de servir.

Nota del chef Si prepara esta ensalada con tiempo, tenga en cuenta que los tomates, al estar en contacto con la sal, empezarán a soltar jugo. Si esto sucediera, incline el plato para que el líquido escurra. Después, limpie los bordes del plato y rocíe los tomates con un poco de vinagreta antes de servir.

Vieiras a la parrilla con jamón

Un plato sencillo que combina ingredientes sabrosos y frescos y que impresionará y hará las delicias de sus invitados.
Hay que tener cuidado de no cocer en exceso el jamón, puesto que salaría demasiado el plato.

*Tiempo de preparación **20 min.+ 20 min. para enfriar***
*Tiempo de cocción **10 minutos***
Para 4 personas como entrante

12 vieiras grandes
60 g de azúcar
ralladura fina de 1/2 limón
un tallo de romero fresco
12 lonchas de jamón
50 g de olivas negras deshuesadas y picadas
2 tomates pelados, sin pepitas y troceados
40 g de alcaparras escurridas
1 diente de ajo picado
2 cucharadas de cebollinos frescos picados
aceite de oliva

1   Separe las vieiras de la concha insertando un cuchillo bajo el músculo blanco y el coral. Lave las vieiras para eliminar la arenilla, retire luego el pequeño músculo blanco duro y brillante y el nervio negro, dejando intacto el coral. Seque las vieiras con servilletas de papel.

2   En una cacerola pequeña introduzca el azúcar y 100 ml de agua y caliéntelo a fuego lento, removiendo para que se disuelva. Agregue la ralladura de limón y el romero, aumente el fuego y déjelo hervir durante 2 minutos. Retírelo del fuego y déjelo enfriar unos 20 minutos.

3   Extienda las lonchas de jamón en una tabla. Unte las vieiras con la mezcla de limón y romero y disponga una en cada loncha. Luego envuelva las vieiras con el jamón y sujételas con un mondadientes.

4   Prepare la guarnición mezclando las aceitunas, el tomate picado, las alcaparras, el ajo y 1 cucharada de cebollinos picados. Añada el aceite de oliva hasta conseguir ligar bien la mezcla.

5   Unte las vieiras envueltas con aceite y dórelas ligeramente en una parrilla precalentada o en una sartén antiadherente durante 1 ó 2 minutos por cada lado. Retire el mondadientes y sirva las vieiras con un poco de guarnición al lado.

Nota del chef Esta receta también es deliciosa con pejesapo. Necesitará una pieza de 1 kg (pida a su pescatero que le quite la piel y lo corte en filetes). Utilice el mismo método que se usa con las vieiras, untando el pejesapo con la mezcla de limón y romero y envolviendo todo el pescado con jamón. Dórelo rápidamente a la parrilla o en una sartén antiadherente, luego hornéelo a temperatura media (200°C) durante 5 u 8 minutos. Cúbralo sin apretar con papel de aluminio y déjelo reposar durante 5 minutos antes de cortarlo en rodajas.

Ravioli de champiñón con crema de ajo y romero

*Ideal como primer plato o para un almuerzo ligero, la cremosa salsa de este plato
complementa a la perfección los ravioli y su delicioso relleno de champiñón.*

*Tiempo de preparación **1 hora + 20 minutos para enfriar***
*Tiempo de cocción **45 minutos***
Para 4 personas como entrante

PASTA
100 g de harina
1 pizca de sal
1 cucharadita de aceite
1 huevo ligeramente batido

RELLENO DE CHAMPIÑÓN
aceite de oliva para freír
2 chalotes franceses muy picados
150 g de champiñones frescos laminados
2 cucharadas de pan rallado
**10 g de hierbabuena fresca, tomillo,
   perejil y albahaca picados**

500 ml de caldo de pollo
8 dientes de ajo troceados
un tallo de romero fresco troceado
500 ml de nata

huevo ligeramente batido para decorar
láminas de queso parmesano para decorar

1 Para preparar la pasta, siga el método de las Técnicas del chef de la página 62, dividiendo la masa en dos trozos antes de pasarla por la máquina de pasta.

2 Para preparar el relleno, caliente un poco de aceite a fuego lento y saltee los chalotes durante 3 minutos. Añada los champiñones y un buen pellizco de sal. Saltee los ingredientes, removiendo, durante 10 minutos o hasta que las setas se hayan secado. Sazone e incorpore el pan rallado, las hierbas, un poco de aceite y mezclelo bien. Resérvelo.

3 Para preparar la salsa, hierva el caldo y el ajo a fuego rápido durante 20 minutos o hasta que se espese. Retírelo del fuego, añada el romero y déjelo enfriar durante 20 minutos. Luego retire el romero, vierta la salsa en un robot de cocina y mezcle hasta que no queden grumos. Cuélela en una cazuela, agregue la crema y déjela hervir 5 minutos o hasta que se haya espesado. Sazónela y manténgala caliente.

4 Marque una tira de la masa de pasta con una ruedecilla cortapastas de 4 cm de diámetro. Disponga una cucharadita de relleno en el centro de cada marca, a intervalos de 5 cm. Pinte la pasta alrededor del relleno con huevo ligeramente batido. Coloque la segunda lámina de pasta sobre la primera. Saque el aire de entre los ravioli y utilice la ruedecilla cortapastas para cortar y sellar la pasta.

5 Hierva agua con sal en una cacerola. Deje cocer los ravioli durante 2 ó 3 minutos o hasta que estén al dente. Escúrralos y sírvalos con la salsa y las láminas de parmesano.

Risotto con marisco

Este es un plato que requiere un tiempo de preparación un tanto largo, pero la combinación final del marisco fresco y el cremoso arroz del risotto bien vale el esfuerzo.

Tiempo de preparación 55 minutos
Tiempo de cocción 1 hora 20 minutos
Para 8 personas

500 g de mejillones
250 g de vieiras con concha
500 g de gambas
750 ml de vino blanco
1 cebolla troceada
1 hoja de laurel
2 tallos de tomillo fresco
aceite de oliva para freír
4 chalotes franceses troceados
1 tallo de apio troceado
1 zanahoria pequeña troceada
8 dientes de ajo troceados
1 cebolla muy picada
440 g de arroz arborio
125 ml de nata
60 g de parmesano rallado
2 cucharadas de perejil fresco picado
láminas de parmesano para decorar

1 Rasque las valvas de los mejillones, quíteles las barbas y descarte los que estén abiertos. Lave las vieiras para limpiarles la arena, luego corte el pequeño músculo blanco brillante y el nervio negro, dejando el coral naranja intacto. Seque las vieiras con servilletas de papel y resérvelas. Pele y limpie las gambas, guardando las cabezas y los caparazones.

2 En una olla grande tapada ponga a hervir los mejillones con 500 ml de vino, la cebolla, el laurel y el tomillo. Déjelos cocer durante 5 minutos o hasta que se hayan abierto. Retírelos y déjelos enfriar, descartando los cerrados. Cuele el líquido que ha utilizado para cocinar en un colador fino revestido con un paño húmedo y resérvelo.

3 Caliente unas 4 cucharadas de aceite de oliva en una olla grande y sofría a fuego rápido las gambas peladas unos 2 minutos o hasta que adquieran un tono rosado. Retírelas con una espumadera y resérvelas. Agregue las vieiras y rehóguelas durante 2 minutos, luego séquelas y resérvelas. Añada las cabezas y las cáscaras de las gambas y dórelas durante 2 ó 3 minutos, chafándolas con una cuchara grande o con un triturador de patatas. Agregue los chalotes franceses, el apio, la zanahoria y la mitad del ajo y saltéelo todo durante 2 minutos. Añada el agua de cocer los mejillones y déjelo hervir durante 15 minutos. Añada 500 ml de agua, llévelo de nuevo a ebullición y déjelo hervir 10 minutos. Escurra el líquido, apretando los sólidos para extraer tanta substancia como sea posible. Agregue agua al líquido para conseguir 1,75 litros y vuélvalo a verter en la olla. Llévelo a ebullición, luego baje el fuego al mínimo y mantenga el caldo hirviendo a fuego muy bajo.

4 Caliente unas 4 cucharadas de aceite a fuego medio o bajo en una cacerola grande de fondo pesado y saltee la cebolla picada de 3 a 5 minutos o hasta que esté tierna y traslucida. Agregue el arroz y el ajo restante y remueva bien con una cuchara de madera, asegurándose de que el arroz esté completamente cubierto de aceite. A continuación, fríalo durante 2 minutos, luego agregue el resto del vino, y remueva bien. Déjelo hervir a fuego lento, sin dejar de remover continuamente, hasta que el vino se haya evaporado. Agregue 250 ml del caldo caliente y siga moviendo hasta que el líquido se haya evaporado completamente, luego añada otros 250 ml. Repita la operación durante unos 30 ó 35 minutos o hasta que todo el caldo se haya evaporado y el arroz esté tierno, y recuerde que debe evitar que el arroz se pegue en el fondo de la cacerola. Incorpore la crema y el parmesano, rectifique la sal y retírelo del fuego. Incorpore las gambas, las vieiras, los mejillones y el perejil picado y sirva el plato decorado con las láminas de parmesano y con algunas rodajas de limón aparte.

Tallarines con setas y puerros

Aunque la pasta fresca dará los mejores resultados en esta receta, se puede utilizar pasta seca si se dispone de poco tiempo. Si compra pasta seca, intente escogerla de buena calidad hecha únicamente de sémola de trigo duro.

Tiempo de preparación 45 minutos
Tiempo de cocción 15 minutos
Para 4 personas

PASTA
300 g de harina
1 cucharadita de sal
30 ml de aceite de oliva
3 huevos, ligeramente batidos

60 g de mantequilla
200 g de setas laminadas
3 chalotes franceses troceados
el zumo de 1/2 limón
20 g de perejil fresco picado
2 cucharadas de jerez
8 puerros pequeños ó 2 grandes troceados
200 g de mantequilla congelada
  cortada en daditos

1   Para preparar la pasta, siga el método de las Técnicas del chef de la página 62, dividiendo la masa en cuatro trozos antes de pasarla por la máquina de pasta. Cuando haya pasado la pasta por la posición más fina de la máquina, pase las diferentes láminas por los cortapastas de 6 mm para hacer tallarines.

2   En una sartén con mantequilla caliente, saltee las setas hasta que se doren. Incorpore los chalotes y saltéelos durante 2 ó 3 minutos. Agregue el zumo de limón, el perejil y el jerez. Sazone, reserve y mantenga caliente. Hierva los puerros en agua con sal durante 2 minutos, luego escúrralos.

3   Llene hasta la mitad una cacerola con agua, lleve a ebullición y, a continuación, retire del fuego. Ponga un cuenco resistente al calor sobre la cacerola y vierta 100 ml de agua hirviendo. Incorpore y bata los daditos de mantequilla, uno por uno. Retire el cuenco y bata la salsa durante 1 minuto. Sazone al gusto, agregue los puerros, tape y mantenga caliente.

4   Hierva la pasta en agua con sal durante 2 minutos o hasta que esté al dente. Escúrrala, dispóngala abundantemente en los platos, ponga encima las setas y vierta a cucharadas la salsa de mantequilla y puerros alrededor.

Nota del chef Si corta la pasta a mano, después de amasarla y refrigerarla, divídala en cuatro, aplaste cada trozo en forma de rectángulo o círculo con el menor espesor posible y córtelo en tiras con un cuchillo afilado. Extiéndala en una sola capa sobre un paño ligeramente enharinado hasta que esté lista para usar.

Ternera a la parmesana

Este plato típico del norte de Italia combina con éxito la suavidad de la ternera
con el fuerte sabor característico del parmesano.

Tiempo de preparación 45 minutos
Tiempo de cocción 1 hora 40 minutos
Para 4 personas

1 kg de tomates grandes maduros
15 g de albahaca fresca
1 hoja de laurel
2 tallos de tomillo fresco
aceite de oliva para freír
1 cebolla muy picada
3 dientes de ajo muy picados
4 filetes de ternera de unos 120 g cada uno
harina sazonada con sal y pimienta para rebozar
2 huevos ligeramente batidos
155 g de pan rallado
30 g de queso parmesano rallado
1 cucharada de perejil fresco muy picado
120 g de mantequilla
250 g de queso mozzarella en láminas

1 Trace una cruz en la base de cada tomate, incorpórelos a un cuenco de agua hirviendo durante 10 segundos, luego sumérjalos en agua fría y quíteles la piel desde la cruz. Después, corte los tomates por la mitad horizontalmente y quíteles las pepitas con el mango de una cucharita, luego trocéelos.

2 Separe los tallos de las hojas de albahaca y ate los tallos con la hoja de laurel y el tomillo para hacer un bouquet garni. Caliente 4 cucharadas de aceite de oliva en una olla y saltee la cebolla 5 minutos sin dorarla; añada el tomate, el ajo y el bouquet garni. Sazone y déjelo cocer a fuego lento, tapado, durante 20 minutos y luego sin tapar durante 45 minutos. Retire el bouquet garni y rectifique la sal al gusto.

3 Aplaste la ternera con un rodillo hasta que tenga un espesor de 2 mm. Rebócela en harina y elimine la que sobre con unas palmaditas. Bañe la ternera en el huevo poco batido.

4 Mezcle el pan rallado, el parmesano y el perejil en un plato hondo. Deje escurrir el exceso de huevo y luego reboce la ternera con la mezcla de pan rallado, apretando bien con los dedos para que se adhiera.

5 Precaliente el horno a temperatura media (200°C). Caliente unos 125 ml de aceite en una sartén grande antiadherente. Añada la mitad de la mantequilla y, cuando espumee, fría dos filetes de ternera durante 3 minutos o hasta que adquieran un tono dorado, dándoles la vuelta una sola vez. Escúrralos en servilletas de papel. Retire el aceite usado de la sartén y fría la ternera restante con aceite y mantequilla nuevos. Disponga la ternera en una bandeja de horno, cúbrala con mozzarella y gratínela durante 10 minutos o hasta que el queso se haya fundido. Sírvala con la salsa de tomate por encima, adornada con las hojas de albahaca fresca.

Canelones con espinacas

Estos tubos de pasta se pueden rellenar de muchas maneras, sea con carne, queso o verdura. En esta receta están rellenos de espinacas, recubiertos con una cremosa besamel y dorados en el gratinador.

Tiempo de preparación 1 hora + 20 minutos de refrigeración
Tiempo de cocción 55 minutos
Para unas 8–10 personas (vea Nota del chef)

PASTA
200 g de harina
1/2 cucharadita de sal
20 ml de aceite de oliva
2 huevos ligeramente batidos

1 cebolla pequeña con un clavo de especia
1 litro de leche
1 hoja de laurel
90 g de mantequilla
50 g de harina
1 cucharadita de mostaza inglesa en polvo
1 diente de ajo muy picado
1 kg de espinacas troceadas
una pizca de nuez moscada molida
2 yemas de huevo
30 g de queso parmesano rallado
30 g de pan rallado

1 Para preparar la pasta, siga el método de las Técnicas del chef de la página 62, cortando la masa en dos trozos antes de pasarla por la máquina de pasta. Extienda la masa con el rodillo encima de una superficie enharinada y corte dieciséis trozos de 10 x 8 cm. Ablándelos en agua hirviendo con un poco de sal, unos cuantos cada vez, durante 1 minuto. Retírelos con una espumadera y refrésquelos con agua fría para detener el proceso de cocción. Disponga las láminas en un paño para que se sequen.

2 En una cacerola, incorpore la cebolla, la leche y la hoja de laurel. Llévelo casi al punto de ebullición, luego retírelo del fuego, cuele la leche y resérvela. Funda unos 50 g de mantequilla en una olla, retírela del fuego e incorpore la harina removiendo. Déjela cocer a fuego lento durante 1 ó 2 minutos, retírela del fuego, incorpore la mostaza y sazone. Incorpore la leche caliente batiéndola gradualmente hasta conseguir una textura suave. Déjela cocer removiendo durante 10 minutos o hasta que espese lo suficiente como para revestir el dorso de una cuchara. A continuación, retírela del fuego. Presione un trozo de papel parafinado untado con mantequilla contra la superficie para evitar que se forme una película, tape y reserve. Precaliente el horno a temperatura media (190°C).

3 Derrita la mantequilla restante a fuego lento y saltee el ajo sin dorarlo. Añada las espinacas, tápelas y saltéelas a fuego medio hasta que estén tiernas. Sazone con sal, pimienta y nuez moscada. Escúrralas, vuelva a ponerlas en el fuego e incorpore las yemas de huevo, la mitad del parmesano y la besamel suficiente para ligarlo todo.

4 Disponga la pasta en una tabla, coloque el relleno a cucharadas en el centro de cada trozo y enróllelo. Disponga los rollos en una bandeja de horno untada con mantequilla y riéguelos con el resto de la besamel. Espolvoree el resto del parmesano mezclado con el pan rallado. Gratine durante 20 ó 25 minutos o hasta que estén dorados.

Nota del chef Es difícil hacer una cantidad menor de pasta. Esta receta es para 8 ó 10 personas, así que se pueden preparar dos bandejas más pequeñas y congelar una de ellas para otra ocasión.

En lugar de la pasta fresca, puede utilizar 15 ó 20 canelones secos.

Osso buco

Este plato, especialidad de Milán, se prepara mejor utilizando la carne de la caña trasera. Las piezas no deben ser más gruesas de lo que se indica, para asegurar así que queden tiernas. Saboree el tuétano, la parte más sabrosa.

Tiempo de preparación **45 minutos**
Tiempo de cocción **2 horas 30 minutos**
Para 4 personas

**4 cañas de ternera, cortadas en trozos de 4 cm
(osso buco)**

harina sazonada con sal y pimienta

aceite para freír

40 g de mantequilla

1 zanahoria troceada

1 tallo de apio troceado

1 cebolla cortada en rodajas

4 dientes de ajo picados

8 tomates pelados, sin pepitas y troceados

250 ml de vino blanco

bouquet garni

1 litro de caldo de buey o agua

2 cucharadas de perejil fresco picado

la piel de 1/4 de naranja muy picada

la piel de 1/4 de limón muy picada

1   Precaliente el horno a temperatura media (180ºC). Limpie la carne de cualquier nervio o piel y rebócela ligeramente con la harina sazonada. Caliente un poco de aceite en una sartén pequeña antiadherente y rehogue la ternera por ambos lados, si es necesario en tandas. Resérvela.

2   Funda la mantequilla en una cazuela de barro resistente al fuego y saltee la zanahoria, el apio y la cebolla a fuego medio durante 3 minutos. Añada el ajo y mezcle bien los ingredientes, luego añada los tomates picados y saltéelos durante 5 minutos. Añada el vino blanco y el bouquet garni y déjelo cocer otros 5 minutos. Añada el caldo y la carne rehogada, lleve a ebullición, sazone, tape y hornee durante 1 hora y media o hasta que la carne esté tierna.

3   Coloque la carne en la fuente donde se va a servir, tápela y manténgala caliente. Mientras tanto, caliente las hortalizas con el líquido de la cocción y lleve a ebullición. Retire la grasa o espuma que quede en la superficie y deje cocer unos 20 ó 25 minutos o hasta que la salsa se haya espesado y revista el dorso de una cuchara. Incorpore el perejil, la piel de naranja y la piel de limón y sazone al gusto. Déjelo hervir otros 5 minutos, luego riegue la carne con la salsa y sirva el plato inmediatamente.

Nota del chef   Si prefiere que el sabor del limón sea más suave, rasque la cáscara antes de usarlo. Póngalo en una olla pequeña y cúbralo con agua fría; llévelo a ebullición durante 30 segundos, luego escúrralo y refrésquelo. A continuación, ya puede incluirlo en la receta.

Pasta con jamón y parmesano

Este sencillo plato de pasta saca el máximo partido de dos de los ingredientes más famosos de la cocina italiana: el jamón curado salado, y el rico y sabroso parmesano. Puesto que ambos ingredientes son salados, hay que tener mucho cuidado a la hora de sazonar este plato.

Tiempo de preparación *20 minutos*
Tiempo de cocción *20 minutos*
Para 4 personas

3 cucharadas de aceite de oliva
400 g de farfalle (pasta en forma de lazos)
1 cebolla grande cortada en rodajas finas
200 g de champiñones laminados
3 calabacines cortados en bastoncillos
1 diente de ajo grande picado
150 g de jamón cortado en tiras
300 ml de crème fraîche
100 g de queso parmesano rallado
hojas de albahaca fresca para adornar

1   Llene de agua las dos terceras partes de una cacerola grande y lleve a ebullición. Añada un buen pellizco de sal y una cucharada de aceite de oliva. Añada las farfalle cuando el agua hierva a borbotones, remueva con un tenedor y cueza la pasta según las instrucciones del fabricante hasta que esté al dente. Luego viértala inmediatamente en un colador, refrésquela con abundante agua fría corriente. Déjela escurrir y resérvela.

2   En una olla con aceite de oliva caliente, saltee a fuego rápido la cebolla, los champiñones laminados, los calabacines y el ajo durante unos 2 minutos o hasta que las hortalizas estén ligeramente doradas. Reduzca el fuego, añada las tiras de jamón y fríalas durante 2 ó 3 minutos. Incorpore el parmesano rallado y sazone al gusto con sal y pimienta negra recién molida.

3   Incorpore la pasta, remueva bien para asegurarse de que todos los ingredientes se mezclan y déjelo cocer unos minutos para conseguir que la pasta se caliente correctamente. Sirva inmediatamente con las hojas frescas de albahaca por encima.

Ternera con limón y alcaparras

En este típico plato italiano, las alcaparras y el limón contrastan con la salsa realizada a base de mantequilla.

Tiempo de preparación **20 minutos**
Tiempo de cocción **25 minutos**
Para 4 personas

4 filetes de ternera de unos 125 g cada uno
harina sazonada con sal y pimienta
2 huevos ligeramente batidos
2 cucharadas de aceite
40 g de mantequilla
250 ml de vino blanco
3 cucharadas de alcaparras lavadas y escurridas
250 ml de caldo de buey o de pollo
1 ó 2 cucharadas de zumo de limón
125 g de mantequilla congelada
   y cortada en daditos

1   Aplaste la carne con un rodillo hasta que su grosor sea de unos 3 mm, luego corte cada filete en tres trozos y enharínelos. En un cuenco mezcle el huevo poco batido con dos cucharadas de agua, luego bañe la ternera en la mezcla y sacúdala para eliminar el huevo sobrante.

2   Caliente el aceite y la mantequilla en una sartén antiadherente. Rehogue la ternera, en tandas, hasta que se dore por ambas caras. Escúrrala sobre unas servilletas de papel, tápela y manténgala caliente mientras rehoga el resto de los filetes.

3   Retire el aceite de la sartén, añada el vino y las alcaparras y deje cocer durante unos 8 minutos o hasta que el vino se haya evaporado. Agregue luego el caldo y déjelo hervir durante 5 minutos o hasta que se haya reducido a la mitad. Añada 1 cucharada de zumo de limón, luego vierta la salsa en una olla pequeña (manteniendo la sartén a un lado). Incorpore y bata la mantequilla, sin dejar que la salsa llegue a ebullición. Rectifique la sal, añadiendo más zumo si es necesario. Ponga la ternera en la sartén, riéguela con la salsa, tápela y déjela reposar durante 2 minutos antes de servir.

Hígado al estilo veneciano

*En esta receta veneciana, el hígado de cordero tierno, rico en hierro, proteínas y vitamina A,
tiene un sabor suave realzado a la perfección por las cebollas tiernas y doradas.*

*Tiempo de preparación **20 minutos***
*Tiempo de cocción **30 minutos***
Para 4 personas

500 g de hígado de cordero
aceite vegetal para freír
250 g de cebollas cortadas en rodajas finas

1 Asegúrese de que el hígado esté limpio de nervios y quítele la piel fina que pueda estar adherida. Corte el hígado en tiritas.

2 Caliente 2 ó 3 cucharadas de aceite vegetal en una sartén grande antiadherente y añada la cebolla y un buen pellizco de sal. Saltee la cebolla a fuego lento durante unos 20 ó 30 minutos o hasta que se dore y se cueza completamente. Retire la cebolla con una espumadera, reservando el aceite en la sartén.

3 Añada un poco más de aceite si es necesario y caliéntelo hasta que humee ligeramente. Fría las tiritas de hígado por tandas sin que se superpongan unas a otras durante 1 minuto o hasta que adquieran un tono marrón. Déles la vuelta y rehóguelas un poco más. Coloque cada tanda en un plato caliente y sazone con sal y pimienta negra.

4 Vuelva a incorporar el hígado a la sartén, junto con la cebolla, y remueva para que se mezclen bien, pero sin cocerlos más. Póngalos en el plato donde va a servir y preséntelos inmediatamente con espinacas al vapor y un risotto sencillo.

Nota del chef El hígado debe freírse rápidamente para retener toda su substancia, por lo tanto es muy importante que la sartén esté caliente, de lo contrario el hígado se pegará y se freirá demasiado. No intente ir más deprisa friendo el hígado en tandas demasiado grandes: la temperatura de la sarten baja y el hígado se cuece en lugar de freírse.

Como se joga: Um dos jogadores
será banca. A banca reporte uma
carta virada e uma aposta a vez, pode
jogador e uma aposta a vez, pode
Cada jogador aposta.

mais possível deste valor.
• O jogo consiste em obter sete
2 a 4 jogadores.
ponto, que diminuem um número indicado; o que
8 cartas especiais que valem um valor
do 1 ao 7, para além disso, há outras
um total de 3 famílias de 4 cartas
cada uma, cada carta tem somam ou
• Num baralho de 20 cartas existe

...o al orégano con panecillos de hierbas

*...a la caza, y la carne de conejo, melosa y ligera, es sin duda
...razada con hierbas frescas, tanto en el estofado como en
...cima para que se empapen de los sabrosos jugos.*

Tiempo de preparació...
Tiempo de cocción 1 hor...
Para 4 personas

1 conejo de 1,25 kg cortado en 8 trozos
harina sazonada con sal y pimienta
mantequilla o aceite para freír
1 cebolla muy picada
150 g de champiñones laminados
1 cucharadita de concentrado de tomate
1 diente de ajo picado
500 ml de caldo de pollo
8 tomates maduros pelados, sin pepitas y picados
1 cucharada de romero fresco picado
2 cucharadas de orégano fresco picado
1 cucharada de perejil fresco picado

PANECILLOS DE HIERBAS
250 g de levadura
60 g de mantequilla congelada y
   cortada en daditos
1 cucharada de hierbas frescas picadas, como perejil,
   romero, tomillo u orégano
120 ml de suero de leche
1 huevo ligeramente batido

1   Enharine el conejo. En una sartén con un poco de aceite
o mantequilla caliente, rehóguelo por ambos lados, luego retírelo y escúrralo en servilletas de papel. Agregue la cebolla a
la sartén y saltéela a fuego lento. Añada los champiñones a
fuego fuerte e incorpore el concentrado de tomate y el ajo.
Páselo todo a una olla de barro, añada el conejo y sazone.

2   Vierta el caldo en la olla de barro (debería ser suficiente
como para cubrir el conejo) y deje hervir a fuego lento
durante 30 minutos. Añada los tomates y deje cocer
10 minutos más. Agregue el romero, el orégano y el perejil.
Compruebe que la carne está tierna y sazone al gusto.

3   Para hacer los panecillos, precaliente el horno a temperatura media (200°C). Vierta la harina y un buen pellizco de sal
en un cuenco grande, añada la mantequilla y revuelva hasta
que se desmenuce. Incorpore las hierbas sin dejar de batir,
luego añada la leche y bátala con un tenedor hasta que la
harina haya desaparecido y la mezcla tenga grumos grandes.
Vierta la masa en una superficie enharinada y déle la forma
de una bola. Con el rodillo extiéndala hasta conseguir un
espesor de 1,5 cm. Trabaje rápidamente: la masa debe subir
en el horno, por lo que no se debe tardar mucho en extender-
la. Córtela en círculos de 4 cm, pinte la superficie con el
huevo poco batido y disponga los panecillos inmediatamente
sobre el conejo. Coloque la bandeja en la parte de arriba del
horno y gratine durante 12 minutos o hasta que los panecillos estén dorados.

cocina italiana   **43**

Lasaña clásica

*Aunque se puede preparar este clásico y popular plato italiano con láminas de lasaña compradas,
el sabor y la textura de la pasta fresca fina es realmente único y merece el esfuerzo.*

*Tiempo de preparación **1 hora + 20 minutos de reposo***
*Tiempo de cocción **2 horas 15 minutos***
*Para **10–12 personas***

aceite de oliva para freír
1 kg de carne de ternera picada
1 cebolla muy picada
8 dientes de ajo muy picados
4 latas de 425 g de tomate italiano pelado
  en conserva, sin escurrir y triturado
125 ml de vino tinto
3 cucharadas de concentrado de tomate
4 tallos de tomillo fresco
1 hoja de laurel
650 g de queso ricotta
100 ml de nata líquida
4 huevos
400 g de queso mozzarella cortado en láminas finas
50 g de queso parmesano recién rallado

PASTA
400 g de harina
1 cucharadita de sal
2 cucharadas de aceite de oliva
4 huevos

1 Caliente 2 cucharadas de aceite en una cacerola grande hasta que esté muy caliente. Añada la carne picada y rehóguela hasta que el líquido que desprende se haya casi evaporado. Retire la grasa y reserve la carne. Reduzca el fuego al mínimo, caliente un poco más de aceite y saltee la cebolla durante 5 minutos, sin llegar a dorarla. Agregue el ajo, el tomate, el vino, el concentrado de tomate, el tomillo, la hoja de laurel y la carne picada y déjelo cocer de 45 minutos a 1 hora o hasta que el líquido se haya reducido a la mitad.

2 Para hacer la pasta, siga el método de las Técnicas del chef de la página 62 pero corte la masa en cuatro trozos antes de pasarla por la máquina. Escurra el queso ricotta en un colador, luego mézclelo con la nata y los huevos en un cuenco; sazone, tápelo y resérvelo. Precaliente el horno a 190°C.

3 Con el rodillo extienda la masa de la pasta hasta conseguir un espesor de 2 mm y córtela en rectángulos de 10 x 12 cm. Blanquee brevemente dos o tres láminas a la vez en agua hirviendo con sal, luego séquelas con servilletas de papel.

4 Extienda 200 ml de salsa de carne en una bandeja de horno de 3,5 litros. Disponga una capa de pasta encima y cubra ésta con una tercera parte de la mezcla de queso. A continuación, ponga otra capa de salsa de carne. Repita las capas dos veces más y termine con una capa de pasta cubierta con salsa de carne. Cubra con mozzarella y espolvoree con parmesano. Ponga a gratinar durante 45 minutos o hasta que se dore. Deje reposar 20 minutos antes de cortar.

Pollo cacciatore

Literalmente significa pollo "a la cazadora". Es un plato muy popular que en una deliciosa salsa de tomate combina con hierbas el aroma de los champiñones, los pimientos y las cebollas.

*Tiempo de preparación **30 minutos***
*Tiempo de cocción **1 hora***
Para 4 personas

3 cucharadas de aceite de oliva
1 pollo de 1,8 kg cortado en 8 trozos
2 cebollas medianas cortadas en rodajas muy finas
1 diente de ajo muy picado
100 g de champiñones en láminas
1 pimiento verde pequeño cortado en rodajas finas
3 cucharadas de concentrado de tomate
185 ml de vino blanco seco
400 g de tomates italianos en conserva
1/2 cucharadita de romero seco
1/2 cucharadita de orégano seco

1   Caliente el aceite de oliva en una sartén grande. Sazonc cl pollo con sal y pimienta, luego rehóguelo 5 minutos o hasta que esté ligeramente dorado por ambos lados. Retírelo y resérvelo.

2   Incorpore la cebolla a la misma sartén y saltee todo durante 5 minutos. A continuación, añada el ajo, los champiñones y el pimiento. Saltee durante otros 4 ó 5 minutos o hasta que la cebolla se haya dorado. Añada el concentrado de tomate y déjelo cocer durante 1 ó 2 minutos. A continuación, añada el vino. Llévelo a ebullición, removiendo constantemente y, una vez hecho esto, añada los tomates y rómpalos con una cuchara de madera. Espolvoree con el romero y el orégano y vuelva a incorporar el pollo a la sartén. Sazone con sal y pimienta, tápelo y déjelo cocer durante 20 minutos, removiendo de vez en cuando.

3   Compruebe que el pollo esté tierno –si no lo está, tápelo y déjelo cocer otros 10 minutos– y luego colóquelo en la fuente donde se va a presentar. Si la salsa está demasiado líquida, déjela hervir, sin tapar, durante 5 minutos o hasta que se espese. Sazone al gusto y riegue el pollo con la salsa. Sirva inmediatamente.

Hortalizas mediterráneas con tortas de polenta

La polenta es característica de la dieta del norte de Italia. Tradicionalmente se corta en láminas una vez se ha enfriado, pero aquí está frita en mantequilla fundida y acompañada por una suave mezcla de hortalizas mediterráneas.

Tiempo de preparación 35 minutos + refrigeración
Tiempo de cocción 1 hora
Para 6 personas

560 ml de leche
210 g de polenta instántanea
35 g de mantequilla
35 g de queso parmesano rallado
1 pimiento rojo partido por la mitad y sin pepitas
1 pimiento verde partido por la mitad y sin pepitas
1 pimiento amarillo partido por la mitad y sin pepitas
aceite y mantequilla para freír
1 calabacín pequeño cortado en daditos
1 berenjena pequeña cortada en daditos
1 cebolla pequeña cortada en daditos
120 g de tomates secos cortados en dados
4 dientes de ajo machacados
30 g de tomates triturados tamizados en conserva

ADEREZO DE MENTA Y PISTACHO
60 ml de leche
25 g de pistachos sin cáscara y sin piel
30 g de hojas de menta fresca
50 ml de aceite de oliva o pistacho
1 diente de ajo picado

1 Lleve la leche a ebullición en una olla alta e incorpore y bata la polenta. Baje el fuego y déjela cocer lentamente, removiendo de vez en cuando, durante 5 minutos o hasta que esté bien mezclada. Incorpore la mantequilla, el parmesano, la sal y la pimienta, al gusto. Vierta la mezcla a cucharadas en una fuente engrasada de 20 cm y extiéndala hasta conseguir un espesor de 1,5 cm. Déjela enfriar y guárdela en el frigorífico hasta el momento de presentar.

2 Unte la piel de los pimientos, que deben ser pequeños, con un poco de aceite y dispóngalos con la piel hacia arriba en una parrilla caliente hasta que se ennegrezca la piel. Póngalos en una bolsa de plástico o tápelos con un paño durante 5 minutos. Luego pélelos y corte la pulpa en daditos.

3 Para preparar el aderezo, hierva la leche, retírela del fuego y viértala en un robot de cocina junto con los pistachos, la menta, el aceite y el ajo. Pique los ingredientes ligeramente, dejando enteros pequeños trozos de pistacho y menta.

4 En una sartén grande con aceite caliente, saltee las hortalizas, el tomate seco y el ajo durante 8 minutos o hasta que los ingredientes estén tiernos. Añada aderezo para humedecerlos y 20 g de tomate tamizado. Sazone y manténgalos calientes.

5 Corte la polenta en círculos de 8 cm de diámetro, fríalos en un poco de mantequilla hasta que se doren, y sirva la polenta con las hortalizas y un poco de aderezo de menta y pistacho. Disponga el resto de aderezo y de tomate tamizado alrededor y adorne el plato con unas hojas de menta.

Tarta de queso siciliana

Esta tarta de queso ricotta con su suave base de bizcocho, su relleno de cítricos y un ligerísimo sabor picante es el postre perfecto para acabar cualquier comida tradicional italiana.

Tiempo de preparación 30 min. + 15 min. en el frigorífico
Tiempo de cocción 1 hora 35 minutos
Para 10 personas

BIZCOCHO
3 huevos
90 g de azúcar
90 g de harina
15 g de mantequilla fundida pero ya fría

600 ml de leche
100 g de fideos machacados
100 g de azúcar
6 huevos con las yemas y las claras
   por separado
410 g de queso ricotta
una pizca de canela molida
la ralladura fina de la piel de 1 limón
60 ml de agua de azahar
125 g de peladuras de cítricos
la piel de 1 limón cortada en tiritas muy finas
30 g de azúcar glas para adornar

1 Precaliente el horno a temperatura media (190°C). Engrase los lados de un molde para pasteles de 23 cm y revista la base. Para preparar el bizcocho, siga el método de las Técnicas del chef de la página 63 y, a continuación, vierta la mezcla en el molde para pasteles.

2 Hornee durante 20 minutos o hasta que el centro del bizcocho baje al tocarlo levemente con el dedo y colóquelo en una bandeja de rejilla para enfriarlo. Corte una capa de la parte superior y de la parte inferior del bizcocho y descártelas o guárdelas para preparar un bizcocho borracho. Vuelva a poner el bizcocho en el molde.

3 En una cazuela, lleve la leche a ebullición y añada los fideos, una pizca de sal y 25 g de azúcar blanquilla. Deje cocer los ingredientes durante 25 minutos o hasta que la leche haya sido completamente absorbida. Retire la cazuela del fuego, déjela enfriar durante unos 15 minutos, luego incorpore batiendo las yemas de huevo. Bata ligeramente el queso ricotta en un cuenco con la canela, la ralladura de limón, el agua de azahar, las peladuras de cítricos y 50 g de azúcar. Añada la mezcla de fideos.

4 Bata las claras a punto de nieve, agregue el azúcar restante y bata hasta que quede una mezcla espesa y brillante. Añádala a la mezcla de ricotta y viértalo todo encima del bizcocho. Espolvoree con las tiritas de limón y hornee durante 45 minutos o hasta que esté firme. Déjelo en el molde durante 5 minutos antes de poner la tarta en una bandeja de rejilla para que se enfríe (la capa de bizcocho quedará arriba). Espolvoree con azúcar blanquilla antes de servir.

Zuccotto

Una cobertura de chocolate crujiente esconde un bizcocho empapado de licor y una doble capa de crema y chocolate con cerezas confitadas y nueces, reminiscencia de los maravillosos pasteles helados italianos, que sorprenden con los diferentes sabores de cada bocado que se degusta.

Tiempo de preparación *45 minutos + congelación*
Tiempo de cocción *30 minutos*
Para 8 personas

BIZCOCHO

3 huevos

125 g de azúcar

100 g de harina

25 g de cacao en polvo

25 g de mantequilla fundida pero ya fría

30 ml de licor de marrasquino o Kirsch

30 ml de brandy

300 ml de nata

50 g de azúcar glas

50 g de almendras tostadas y muy picadas
   (vea Nota del chef)

50 g de avellanas tostadas y picadas
   (vea Nota del chef)

40 g de chocolate sin leche de calidad en virutas

50 g de cerezas confitadas troceadas

330 g de chocolate sin leche de calidad fundido
   (vea Nota del chef)

25 g de chocolate blanco

1 Precaliente el horno a temperatura media (180°C). Revista un cuenco de 1 litro de capacidad con film transparente (si lo tiene, utilice un cuenco con una base completamente redonda). Engrase dos moldes cuadrados para pasteles de 25 cm y de 15 cm y revístalos con papel parafinado.

2 Para preparar el bizcocho, siga el método de las Técnicas del chef de la página 63, luego vierta la masa en los dos moldes y hornee durante 10 minutos o hasta que esté firme al tacto. Deje enfriar en una bandeja de rejilla y desprenda el papel parafinado.

3 Utilice un molde para flanes como guía y corte un círculo de 25 cm de diámetro del bizcocho más grande. Corte una pequeña porción y sepárela (como si cortara una rebanada de pastel) para colocarlo con facilidad en el cuenco. Apriete con suavidad el bizcocho para revestir el recipiente, cortando lo que sobre. Del segundo bizcocho corte un círculo de la misma medida que la boca del cuenco. Unte todo el bizcocho con el licor de cerezas y el brandy combinados.

4 Para preparar el relleno, monte la nata con el azúcar glas y divídala en dos recipientes. En el primero ponga las nueces, el chocolate en virutas y las cerezas. Viértalo a cucharadas en el cuenco revestido con el bizcocho y practique un hueco en el centro con el dorso de una cuchara, asegurándose de que la nata esté uniforme. Congélelo 30 minutos para asentarlo.

5 Vierta una tercera parte del chocolate fundido en el segundo recipiente de nata montada, pero mézclelo primero con un poco de la nata antes de ligarlo todo. Ayudándose de una cuchara, vierta la mezcla en el centro vacío del zuccotto congelado, nivele con una paleta y presione el círculo de bizcocho encima. Refrigere durante 30 minutos.

6 Vacíe el cuenco en una bandeja de rejilla y déle la vuelta al Zuccotto. Bata ligeramente el resto del chocolate fundido para enfriarlo un poco, luego viértalo sobre el zuccotto y dé unos golpecitos en la rejilla para asegurarse de que el chocolate cubre todo el bizcocho. Póngalo en el frigorífico antes de presentarlo. Funda el chocolate blanco y salpique el zuccotto por encima con un tenedor. Congélelo antes de servirlo para que se asiente.

Notas del chef Para tostar las avellanas y las almendras, póngalas en una bandeja de horno y tuéstelas a temperatura media (180°C) durante 3 ó 5 minutos, con cuidado de no quemarlas.

Para fundir el chocolate, póngalo en un cuenco sobre una cacerola medio llena de agua hirviendo y apartada del fuego. El vapor del agua calentará suavemente el chocolate.

Tiramisú

*Las capas de bizcochos bañados en café y Kahlua,
la deliciosa crema mascarpone y la generosa
cobertura de cacao en polvo han contribuido
al enorme éxito que tiene este postre.*

Tiempo de preparación **35 minutos + refrigeración**
Tiempo de cocción **Ninguno**
Para **4–6 personas**

3 yemas de huevo
120 g de azúcar
180 g de queso mascarpone
300 ml de crema de leche para batir
3 cucharadas de Kahlua
500 ml de café fuerte frío
36 bizcochos de soletilla
cacao en polvo para espolvorear

1   Bata las yemas de huevo con el azúcar hasta que éste se
haya disuelto y se forme una crema ligera. Añada el
mascarpone y mezcle bien. Bata la crema a punto de nieve e
incorpórela batiendo suavemente a la mezcla de mascarpone, luego extienda una capa fina de esta crema en la base
de una fuente ovalada de 35 cm que sea profunda.

2   Añada el Kahlua al café y bañe los bizcochos en éste.
Según lo frescos que sean pueden necesitar mojarse más o
menos, pero hay que tener cuidado de no empaparlos.
Disponga una capa de bizcochos que cubra la base de la
fuente –puede que tenga que romperlos para que se adapten
a la forma de la misma–. Cúbralos con otra capa de crema
mascarpone, luego añada otra capa de bizcochos, disponién-
dolos en el sentido contrario a la primera capa. Repita las
capas basta acabar con la crema mascarpone. Allane la parte
superior y manténgalo en la nevera hasta el momento de
servir. Preséntelo espolvoreado abundantemente con cacao
en polvo. El tiramisú resulta más sabroso si se prepara con
horas de antelación porque los aromas tienen tiempo de
mezclarse antes de servir.

Melocotones al horno con crema mascarpone

*Al abrir cada paquete el aroma embriagador anticipa
el delicioso sabor que encontraremos dentro.*

*Tiempo de preparación **20 minutos***
*Tiempo de cocción **20 minutos***
Para 4 personas

20 g de mantequilla
20 g de azúcar
1 huevo ligeramente batido
1 cucharada de harina
20 g de almendras molidas
1 gota de esencia de almendra
2 melocotones frescos pelados y partidos por la mitad
  ó 4 trozos de melocotón en almíbar
10 g de almendras laminadas tostadas
  (vea Nota del chef)
30 ml de Cointreau, Kirsch o Grand Marnier
canela molida para espolvorear

CREMA MASCARPONE
250 g de queso mascarpone
125 ml de nata líquida
2 cucharaditas de azúcar
4 gotas de extracto o esencia de vainilla
4 gotas de Cointreau

1 Corte 4 círculos de papel parafinado o papel de aluminio, 6 cm más grandes que las mitades de melocotón. Precaliente el horno a 180°C. Para preparar el relleno de almendras, bata la mantequilla y el azúcar, luego incorpore la mitad del huevo y la harina y bata hasta que desaparezcan los grumos y la mezcla adopte un tono claro. Incorpore, batiendo, las almendras molidas y la esencia de almendra y añada el huevo restante para conseguir una crema ligera y algo espesa.

2 Coloque cada trozo de melocotón, con la parte cortada hacia arriba, en el centro de un círculo de papel parafinado o papel de aluminio. Con una manga pastelera, disponga una cantidad de relleno de almendra en cada mitad de melocotón o vierta la mezcla a cucharadas, llenando el hueco del hueso. Espolvoree con las almendras, riegue con el licor y espolvoree con una pizca de canela.

3 Doble el papel alrededor de las mitades de melocotón y retuerza los bordes para cerrarlo. Disponga los paquetes en una bandeja de horno, con la parte donde está el cierre hacia arriba, y hornéelos durante 15 minutos o hasta que se hayan hinchado. Retire los melocotones de los paquetes o abra éstos simplemente por la parte de arriba y preséntelos.

4 Para hacer la crema mascarpone, bata todos los ingredientes hasta que desaparezcan los grumos y la crema se haya espesado. Sirva junto con los melocotones.

Nota del chef Para tostar las almendras, dispóngalas en una bandeja de horno a temperatura media (180°C) durante 1 ó 2 minutos, con cuidado de que no se quemen.

Torta de chocolate y avellanas

*El merengue de avellana, acompañado de la mousse de avellana
y chocolate, se usa para rellenar y cubrir la torta.*

*Tiempo de preparación **40 minutos + refrigeración***
*Tiempo de cocción **20 minutos***
Para 8 personas

MERENGUE DE AVELLANA

2 claras de huevo
60 g de azúcar
60 g de avellanas tostadas molidas

MOUSSE DE AVELLANAS

**2 hojas de gelatina ó 1 cucharadita de gelatina
  en polvo**
60 g de azúcar
3 huevos
1 cucharada de cacao en polvo
150 g de chocolate sin leche de calidad fundido
50 g de crema de cacao con avellanas
60 g de mantequilla batida hasta suavizarla
200 ml de crema de leche para batir

**60 g de avellanas tostadas troceadas
  (vea Nota del chef)**
cacao en polvo y azúcar glas para espolvorear

1 Precaliente el horno a temperatura baja (160°C). Para preparar el merengue de avellana, dibuje tres círculos de 20 cm de diámetro en una hoja de papel parafinado y póngalos en una bandeja. Bata las claras de huevo a punto de nieve, espolvoréelas con el azúcar y bátalas hasta que se hayan espesado. Añada las avellanas, reparta la mezcla sobre los tres círculos y extiéndala con el dorso de una cuchara. Hornéelos durante 7 minutos o hasta que estén dorados y secos. Déjelos enfriar en una rejilla.

2 Si utiliza hojas de gelatina, sumérjalas en agua fría para que se vayan empapando. Mientras, en una cazuela pequeña incorpore el azúcar y 30 ml de agua y lleve a ebullición a fuego lento. Hierva durante 6 minutos o hasta que el azúcar alcance 118°C en un termómetro de azúcar o hasta que al echar un poco en agua fría se forme una bola. Bata los huevos en un cuenco grande e incorpore el caramelo en ebullición, vertiéndolo entre la varilla y el lateral del cuenco. Bata sin parar hasta que al levantar la varilla quede una estela firme.

3 Escurra las hojas de gelatina y fúndalas en un cuenco sobre vapor de agua. Si utiliza gelatina en polvo, disuélvala en un poco de agua. Añada la gelatina a la mezcla de huevo caliente, incorpore el cacao, el chocolate y la crema de cacao con avellanas y bata bien. Agregue la mantequilla y bata hasta que desaparezcan los grumos. Monte la crema de leche, luego añádala a la mezcla y guárdela en el frigorífico hasta que se haya espesado.

4 Extienda una capa gruesa de mousse sobre dos de los discos de merengue, coloque uno encima del otro y remate con el tercer disco de merengue. Cubra la parte superior y los lados con la mousse restante, repartiéndola con un cuchillo, e introduzca el pastel en el frigorífico. Antes de presentarlo disponga las avellanas alrededor del pastel y esparza algunas por encima. Decore con el cacao y el azúcar glas.

Nota del chef Para tostar las avellanas, dispóngalas en una bandeja de horno a temperatura media (180°C) durante 3 ó 5 minutos, con cuidado de que no se quemen.

Zabaione con bizcochos de soletilla

Este zabaione deliciosamente ligero se debe servir inmediatamente después de hacerse.
Sólo lleva unos minutos batirlo y servirlo, y es perfecto para invitados inesperados.

Tiempo de preparación 15 minutos
Tiempo de cocción 20 minutos
Para 4–5 personas

BIZCOCHOS DE SOLETILLA
2 huevos con las claras aparte
50 g de azúcar
50 g de harina
azúcar glas para espolvorear

ZABAIONE
4 yemas de huevo
100 g de azúcar
75 ml de Marsala

1 Precaliente el horno a 200°C. Revista el fondo de una bandeja de horno con papel apergaminado. Prepare una boquilla normal de 1 cm y colóquela en una manga pastelera.
2 Para hacer los bizcochos, bata las yemas de huevo y el azúcar en un cuenco hasta que se forme una crema casi blanca. En otro cuenco, bata las claras de huevo a punto de nieve. Con una cuchara grande de metal o con una espátula de plástico incorpore una tercera parte de las claras de huevo a la mezcla obtenida con la yema y el azúcar. Vierta después la mitad de la harina y mezcle cuidadosamente; luego añada

otra cantidad de clara de huevo. Repita la operación con la harina y la clara de huevo restantes, no debe batir en exceso. Vierta la mezcla a cucharadas en la manga y disponga porciones de 8 cm levemente separadas entre sí en la bandeja de horno. Espolvoree abundantemente con el azúcar glas tamizado, luego deje a temperatura ambiente durante 5 minutos para que se disuelva el azúcar y se cree un efecto nacarado. Hornee 10 minutos o hasta que los bizcochos estén ligeramente dorados. A continuación, retírelos de la bandeja levantando el papel encerado y colóquelos boca abajo en la encimera. Salpique la parte trasera del papel con agua para poder despegar los bizcochos con facilidad. Dé la vuelta a los bizcochos y déjelos enfriar.
3 Para hacer el zabaione, llene una olla de agua hasta la mitad y ponga a hervir, luego baje el fuego al mínimo. En un cuenco resistente al calor, bata las yemas de huevo y el azúcar hasta obtener una masa casi blanca, entonces añada el Marsala. Coloque el cuenco sobre el vapor del agua hirviendo y remueva hasta que la mezcla aumente cuatro veces de volumen y quede una crema espesa y espumosa. Viértala en cuatro copas de vino grandes y sírvala inmediatamente con los bizcochos.
Nota del chef El zabaione es un postre excelente al que siempre se puede recurrir para invitados inesperados. Si no dispone del tradicional Marsala italiano, puede utilizar vino de Madeira en su lugar.

Técnicas del chef

◆

Preparar la pasta fresca

Vea la lista de ingredientes de cada receta de pasta para saber qué cantidad de harina, sal, aceite de oliva y huevos hace falta para preparar la masa de pasta. La pasta fresca debe utilizarse el mismo día en que se prepara.

Ponga la harina, la sal, el aceite de oliva y el huevo en un robot de cocina y bata los ingredientes en series cortas hasta que se formen migas.

Doble la lámina en tres y pásela por la máquina en la posición más ancha. Repita esta operación diez veces, enharinando ligeramente la masa y la máquina para evitar que se pegue.

Presione ligeramente la mezcla entre el índice y el pulgar para ver si está firme y suave. De lo contrario, siga batiéndola un poco más.

Sin doblar, siga pasando la masa por posiciones cada vez más estrechas, hasta pasarla por la más fina. Repita la operación con las restantes porciones de pasta.

Vuelque la masa en una superficie enharinada y trabájela 2 minutos hasta suavizarla. Envuélvala en film transparente y póngala 20 minutos en el frigorífico. Fije y estabilice la máquina de pasta en una mesa.

Para hacer tallarines, ajuste el rodillo al corte que marque la receta. Pase cada lámina por las cuchillas enharinadas y disponga la pasta en una sola capa sobre un paño húmedo colgando del respaldo de una silla.

Divida la pasta en dos o cuatro trozos. Tápela y trabaje con un trozo cada vez. Aplaste la masa en forma rectangular y pásela por la máquina de pasta, ligeramente enharinada, en la posición más ancha.

Para hacer láminas de lasaña, corte la pasta según el tamaño que indique la receta y ponga las láminas una junto a otra en un paño. Cúbralas luego con otro paño y déjelas reposar hasta el momento de usarlas.

Preparar alcachofas enteras

Puede preparar la alcachofa entera, tal como se muestra aquí o sólo el corazón. Ambas resultan deliciosas.

Rompa el tallo de la alcachofa tirando de las fibras que lo sujetan a la base.

Arranque las hojas exteriores y ponga la alcachofa en una olla con agua salada hirviendo y el zumo de 1 limón. Evite que floten poniendo un plato encima y déjelas hervir de 20 a 35 minutos.

Compruebe si la alcachofa ya está cocida tirando de una de las hojas. Si la arranca fácilmente, la alcachofa está cocida. Corte la mitad superior de la alcachofa y descártela.

Retire el núcleo velloso de la alcachofa con una cuchara, y ya puede usarla para preparar la receta que desee.

Bizcocho enriquecido

Un bizcocho enriquecido con mantequilla fundida tiene una textura jugosa. Se puede aromatizar con cacao.

Bata los huevos y el azúcar en un cuenco sobre una cazuela con agua hirviendo hasta obtener una mezcla ligera, espumosa y que deje una estela firme. Retire el cuenco y siga batiendo hasta que se enfríe.

Incorpore los ingredientes secos tamizados (harina y, en su caso, cacao) a la mezcla con una cuchara metálica grande, con cuidado de no verterlos demasiado rápido, porque perdería volumen.

Vierta la mantequilla fundida y ya fría por el lateral del cuenco y bátala suavemente, con cuidado, para no perder volumen.

Editado por Murdoch Books® de Murdoch Magazines Pty Limited, 45 Jones Street, Ultimo NSW 2007.

© Diseño y fotografía de Murdoch Books® 1998
© Texto de Le Cordon Bleu 1998

Editora gerente: Kay Halsey
Idea, diseño y dirección artística de la serie: Juliet Cohen

Murdoch Books y Le Cordon Bleu quieren expresar su agradecimiento a los 32 chefs expertos de todas las escuelas Le Cordon Bleu, cuyos conocimientos y experiencia han hecho posible la realización de este libro, y muy especialmente a los chefs Cliche (Meilleur Ouvrier de France), Terrien, Boucheret, Duchêne (MOF), Guillut y Steneck, de París; Males, Walsh y Hardy, de Londres; Chantefort, Bertin, Jambert y Honda, de Tokio; Salembien, Boutin, y Harris, de Sydney; Lawes de Adelaida y Guiet y Denis de Ottawa.
Nuestra gratitud a todos los estudiantes que colaboraron con los chefs en la elaboración de las recetas, y en especial a los graduados David Welch y Allen Wertheim.
La editorial también quiere expresar el reconocimiento más sincero a la labor de las directoras Susan Eckstein, de Gran Bretaña y Kathy Shaw, de París, responsables de la coordinación del equipo Le Cordon Bleu a lo largo de esta serie.

Título original: *Italian*

© 1998 de la edición española:
Könemann Verlagsgesellschaft mbH
Bonner Straße 126, D-50968 Köln
Traducción del inglés: Laura Revuelta Godoy
para LocTeam, S.L., Barcelona
Redacción y maquetación: LocTeam, S.L., Barcelona
Impresión y encuadernación: Sing Cheong Printing Co., Ltd.
Printed in Hong Kong, China

ISBN 3–8290–0654–3

10 9 8 7 6 5 4 3 2

La editora y Le Cordon Bleu agradecen a Carole Sweetnam su colaboración en esta serie.
Portada: Ternera con limón y alcaparras

INFORMACIÓN IMPORTANTE

GUÍA DE CONVERSIONES

1 taza = 250 ml
1 cucharada = 20 ml (4 cucharaditas)

NOTA: Hemos utilizado cucharas de 20 ml. Si utiliza cucharas de 15 ml, las diferencias en las recetas serán prácticamente inapreciables. En aquéllas en las que se utilice levadura en polvo, gelatina, bicarbonato de sosa y harina, añada una cucharadita más por cada cucharada indicada.

IMPORTANTE: Aquellas personas para las que los efectos de una intoxicación por salmonela supondrían un riesgo serio (personas mayores, mujeres embarazadas, niños y pacientes con enfermedades de inmunodeficiencia) deberían consultar con su médico los riesgos derivados de ingerir huevos crudos.